NOTA A LOS PADRES

Aprender a leer es uno de los logros má[...]
infancia. Los libros de *¡Hola, lector!* están d[...]
al niño a convertirse en un diestro lector y [...]
Cuando aprende a leer, el niño lo hace recordando las palabras
más frecuentes como "la", "los", y "es"; reconociendo el sonido de
las sílabas para descifrar nuevas palabras; e interpretando los
dibujos y las pautas del texto. Estos libros le ofrecen al mismo
tiempo historias entretenidas y la estructura que necesita para
leer solo y de corrido. He aquí algunas sugerencias para ayudar
a su niño *antes*, *durante* y *después* de leer.

Antes

- Mire los dibujos de la tapa y haga que su niño anticipe de qué
  se trata la historia.
- Léale la historia.
- Aliéntelo para que participe con frases y palabras familiares.
- Lea la primera línea y haga que su niño la lea después de
  usted.

Durante

- Haga que su niño piense sobre una palabra que no reconoce
  inmediatamente. Ayúdelo con indicaciones como: "¿Reconoces
  este sonido?", "¿Ya hemos leído otras palabras como ésta?"
- Aliente a su niño a reproducir los sonidos de las letras para
  decir nuevas palabras.
- Cuando necesite ayuda, pronuncie usted la palabra para que
  no tenga que luchar mucho y que la experiencia de la lectura
  sea positiva.
- Aliéntelo a divertirse leyendo con mucha expresión... ¡como un
  actor!

Después

- Pídale que haga una lista con sus palabras favoritas.
- Aliéntelo a que lea una y otra vez los libros. Pídale que se los
  lea a sus hermanos, abuelos y hasta a sus animalitos de
  peluche. La lectura repetida desarrolla la confianza en los
  pequeños lectores.
- Hablen de las historias. Pregunte y conteste preguntas.
  Compartan ideas sobre los personajes y las situaciones del
  libro más divertidas e interesantes.

Espero que usted y su niño aprecien este libro.

—Francie Alexander
Especialista en lectura
Scholastic's Learning Ventures

Para información sobre autores e ilustradores de Scholastic, visite scholastic.com

Originally published in English
as *I Love My Shadow!*

Translated by Carmen Rosa Navarro.

No part of this publication may be reproduced in whole or in part, or stored in
a retrieval system, or transmitted in any form or by any means, electronic, mechanical,
photocopying, recording, or otherwise, without written permission of the publisher.
For information regarding permission, write to Scholastic Inc., Attention: Permissions
Department, 555 Broadway, New York, NY 10012.

ISBN 0-439-37482-0

12 11 10 9 8 7 6   10 11 12 13 14/0

Printed in the U.S.A.   40
First Scholastic Spanish printing, February 2002

¡ME GUSTA MI SOMBRA!

por Hans Wilhelm

¡Hola, lector! — Nivel 1

SCHOLASTIC INC.

Cartwheel
·B·O·O·K·S·®

New York Toronto London Auckland Sydney Mexico City
New Delhi Hong Kong Buenos Aires

Me voy a la playa.

¡Mira!
Traje a una amiga.

Me encanta perseguirla,

pero a veces ella me
persigue a mí.

Puede ser baja y gordita,

pero a veces es alta y delgada.

Mi amiga me hace reír,

pero a veces me
asusta un poco.

Siempre le gusta
jugar conmigo.

¡Oh, no!
¡Ahí viene una
nube enorme!

Mi amiga ya
no está aquí.

Me he quedado solito.

¡Tengo una idea!

¡Espantaré a la nube!

¿Ves? Mi amiga ha regresado.

Somos el equipo perfecto.